AF370273

LE VENGEUR

MONOLOGUE

DU MÊME AUTEUR :

Le Bègue, monologue en vers libres, dit par M. de
    Féraudy, de la Comédie-Française. » 50

L'Octroi, poésie, dite par mademoiselle Reichenberg, de
    la Comédie-Française. » 50

La Corde, monologue en vers, dit par M. Saint-
    Germain. » 50

Le Faux Nez, monologue en vers, dit par M. Félix
    Galipaux. » 50

Le Vengeur, monologue en vers, dit par M. Georges
    Berr, de la Comédie-Française. » 50

A trois Pas, monologue en vers, dit par mademoiselle
    Olga Wohlbruck, de l'Odéon. » 50

L'Araignée, monologue en vers, dit par M. Duard, de
    l'Odéon. » 50

Le Bandeau, monologue en vers, dit par M. Pierre
    Laugier, de la Comédie-Française. » 50

Lettre-Close, scène en vers, dite par M. Le Bargy, de
    la Comédie-Française. » 50

Imprimerie générale de Châtillon-sur-Seine. — A. Pichat.

PIERRE TRIMOUILLAT

LE VENGEUR

MONOLOGUE

dit par M. **GEORGES BERR,**

de la Comédie-Française.

PARIS

TRESSE et STOCK, ÉDITEURS

8, 9, 10, 11, GALERIE DU THÉATRE-FRANÇAIS

PALAIS-ROYAL

1886

Droits de traduction et de reproduction réservés.

LE VENGEUR

A mes amis Romain et Paul Alléon.

Moi, le modèle des maris,
(Quatre enfants depuis trois années !)
Par qui ne sont point pardonnées
Les passions désordonnées,
Je fus indigné quand j'appris

Qu'un de mes voisins — homme austère
Ou du moins cru tel — délaissant
Sa femme, un minois ravissant,
Avait deux maîtresses ! Mon sang
Ne fit qu'un tour ! — Deux ! Un notaire !

Le devoir de tous ses amis,
Qui blâmaient sa conduite, mornes,
Etait de lui faire — les cornes ;
Car il passait vraiment les bornes
De ce qui peut être permis.

Ma conscience criait : Tâche
De venger promptement l'affront
Qui d'un ange ternit le front,
Ou sans toi d'autres le feront...
J'entrepris cette noble tâche...

— Dans sa villa (ces chicaneurs
Ont bientôt leur fortune faite)
Notre homme donnait une fête.
Avec une grâce parfaite,
Madame en faisait les honneurs.

Pour le bal j'avais fait commande
D'un *complet* chic. J'en sus le coût !

Comme il m'avantageait beaucoup,
Je comptais bien du premier coup
Séduire l'adorable Armande.

Mais je vis en l'essayant, loin
Du tailleur, que l'indispensable,
Bien trop long pour être mettable,
D'une retouche assez notable
Avait absolument besoin...

Vainement je priai ma femme
De me le raccourcir. Je fus
Supplier alors, tout confus,
Ma belle-mère... Autre refus.
Maudits parents ! Tailleur infâme !

Sachant que mal habillé l'on
Provoque mal le « coup de foudre »,
Moi-même je dus me résoudre
A découdre, couper, recoudre,
En cachette, mon pantalon !

... Le jour du bal ma belle-mère
Me trouva tout à fait charmant.
Elle me fit maint compliment.
Mais un pareil accord, vraiment,
Ne pouvait être qu'éphémère...

Etant dans son état normal
Pour le bien toujours impuissante,
Qu'une marâtre un jour consente
A se montrer compatissante
Pour son gendre, — ça tourne mal !

La suite en donnera la preuve.
Après avoir fort bien dîné,
L'heure du bal ayant sonné,
Dans ma chambre je retournai
Pour faire entièrement peau neuve.

Il fallait que je fusse gris ;
Car à l'époque où l'on grelotte,

Je n'eus pas pris une culotte
Pour un pantalon, saprelotte!
Oui, vous avez très bien compris,

Oui, je parus devant le monde
Avec un indispensable où
Je n'entrais que jusqu'au genou...
Plus d'un me crut devenu fou !
Me chassant comme un être immonde,

On me sifflait, on me huait,
Donnant du pied — suprême injure —
Au — contraire de ma figure...
Je serais mort, je vous le jure,
Si le ridicule tuait...

Cela, parce que sans rien dire
Mon épouse avait raccourci
Mon pantalon, sa mère aussi;
Laquelle avait donc réussi
En voulant me plaire à me nuire.

— Ne ressort-il point de mon cas
Cette vérité magistrale
Qu'aujourd'hui, règle générale,
A vouloir venger la morale
On s'expose à bien des tracas?

Le plus triste de l'aventure,
C'est que depuis peu le bruit court
Que, de femmes s'il est à court,
Chez moi le vil notaire accourt
Augmenter ma progéniture...

FIN

MONOLOGUES

A CORNEILLE, par L. Paté, poésie dite à la Comédie-Française, par M. Maubant. . . . . » 50

UNE ACTRICE EN VOYAGE, de M. Gaston Hirsch, dit par Mlle Marguerite Ugalde, des Nouveautés . . . 1 »

AFFLICTION ! de Jean Gascogne, dit par M. Coquelin cadet . . . . » 50

A LA MER ! par M. Bertol-Graivil, dit par M. Coquelin cadet, de la Comédie-Française. . . . . » 50

L'ALBUM, par MM. E. Philippe et L. Bridier, monologue en prose, dit par mademoiselle Reichenberg, de la Comédie-Française . . . . 1 »

L'ALCOVE, par Henri Buguet, dit par M. Daubray, du Palais-Royal . . . . » 50

ALTÉRÉ DE SANG! de M. J. Guillemot, dit par M. Coquelin cadet. . . . . » 50

ANDRÉ GILL, par E. Blémont, poème dit par M. A. Lambert, de l'Odéon . . . . » 50

APRÈS NOUS, de Lucien Puech, dit par M. Coquelin cadet . . . . 1 »

L'ARAIGNÉE, monologue en vers, par P. Trimouillat. dit par M. Duard, de l'Odéon . . . . » 50

A TROIS PAS, de P. Trimouillat, monologue dit par Mlle Olga Wohlbruck, de l'Odéon. 0 50

LES BAINS DE MER, de L. Puech, dit par M. Coquelin cadet. . . . . 1 »

LE BANDEAU, monologue en vers par P. Trimouillat. dit par M. Pierre Laugier de la Comédie-Française » 50

LE BÈGUE, de P. Trimouillat, dit par M. de Féraudy, de la Comédie-Française. . . . . » 50

LE BEURRE DE FRANÇOISE, de MM Bridier et Philippe, monologue dit par Mlle Lamarre, du Palais-Royal. » 50

BLASÉ ! monologue en prose par M. Pr. Morton. » 50

BON A TOUT FAIRE, de MM. Bridier et Philippe, dit par M. Dailly, du Palais-Royal . . . . » 50

BONNE ANNÉE, par Emile Moreau, compliment en vers, dit par Mlle J. Granier, du Gymnase . . . . . . 1 »

CAÏN, de René Asse, scène biblique en vers, dite par
M. Worms, du théâtre du Châtelet . . . . » 50
CAMELOT, monologue en prose de M. A. Girod, dit par
M. Galipaux, du Palais-Royal. . . . . » 50
LE CHALET, de M. L. Bridier, dit par M. F. Galipaux. » 50
LES CIGALIERS A FLORIAN, par Grangeneuve, vers dits
par M. Mounet-Sully, de la Comédie-Française. 1 »
LA CLÉ DE BARBE-BLEUE, par Octave Gastineau, say-
nète jouée par Mme***. . . . . 1 »
LES COLÈRES DU FLEUVE, par G. Duval, poésie dite
par madame P. Patry, de la Porte-Saint-Martin. » 50
LA CORDE, de P. Trimouillat, monologue en vers dit
par M. Saint-Germain . . . . » 50
CROMWEL, monologue en vers, par Aug. Doude-
ment . . . . » 50
CONFIANCE! par J. Truffier, fantaisie en vers, dite par
M. Ch. Thiron, de la Comédie-Française . . 1 »
LE CONTE DU GARDE, de G. Nadaud dit par M. Coque-
lin ainé. 1 »
LE COUCHER DE MONSIEUR, de G. Nadaud, dit par M.
Coquelin aîné. . . . . 1 »
LA COURONNE, récit en vers de MM. P. Amette et E. Rimé,
dit par M. de Feraudy, de la Comédie-Française. » 50
DANS LA SALLE, par G. Dampt, dit par M. Coquelin
cadet. . . . . » 50
DANS LE NORD, par M. Bertol-Graivil, dit par M. Coque-
lin cadet. . . . . » 50
DANS LE VOLUME BLEU, par M. H. Buguet, monologue
dit par M. Saint-Germain, du Gymnase. . . . » 50
DENIS PAPIN, de Emile Gouget, poème dit par M. Co-
quelin cadet, de la Comédie-Française . . . . » 50
LE DINER DE DULAURIER, par MM. L. Bridier et E. Phi-
lippe, monologue en prose, dit par M. Berthelier. » 50
DUCANOIS, par P. Ferrier, monologue en vers libres dit
par M. Saint-Germain, du théâtre du Gymnase. 1 »
LES ÉCONOMIES DE CABOCHARD, par Dumanoir et
Siraudin, vaudeville joué sur le théâtre du Palais-
Royal par M. Achard . . . . 1 »
LES ÉCREVISSES, par Jacques Normand, fantaisie en
vers, dite par M. Coquelin, de la Comédie-Française,
édition ornée de 12 dessins de S. Arcos. . . . 2 »
ELLE M'ATEND! monologue de M. G. Lorin, dit par
M. Coquelin cadet. . . . . » 50
EN DUEL! par J. de Marthold, dessins d'Em. Mas. 1 »

L'ENTRESOL, par O. Gastineau, saynète jouée par
Mme*** . . . . 1 »
ÊTRE ET NE PAS ÊTRE, par MM. Ed. Philippe et L. Bri-
dier, dit par M. Dupuis, des Variétés. . . . . 1 »
EXAMEN DE CONSCIENCE D'UNE JEUNE FILLE, de G.
Nadaud dit par Mlle Reichenberg. . . . . . . 1 »
LE FILS DU CHARPENTIER, par M. Paul Delair, récit en
vers, dit par M. C. Coquelin. . . . . » 50
LE FAUX NEZ, de P. Trimouillat, monologue en vers
dit par M. Galipaux. . . . . » 50
FINAUD, par MM. Bridier et E. Philippe, dit par Mlle A
Lavigne, du Palais-Royal . . . . » 50
FOL AMOUR, par Marc Sonal, dit par mademoiselle A.
Lavigne, du Palais-Royal. . . . . » 50
LA FOLLE DU LOGIS, par M. Eugène Verconsin . 1 »
LE FRISSON, fantaisie rimée, par M. Henri Becque. 1 »
LE FROTTEUR, par M. H. Buguet, dit par M. Dailly, de
la Comédie-Parisienne. . . . . » 50
LA GRANDE AFFAIRE, de M. Ch. Clairville, lettre à une
amie lue par mademoiselle B. Baretta, de la Comédie-
Française. . . . . » 50
GRAND-PÈRE, VOUS N'ÊTES PAS VIEUX, par Gustave
Nadaud, chanson dite par Mlle S. Reichenberg. » 50
HÉSITATIONS, de M. Bertol-Graivil, dit par Mlle Reichen-
berg. . . . . » 50
HISTOIRE DE NAPOLÉON Ier, sténographiée par H. Bu-
guet et monologuée par M. Denizot. . . . . . » 50
L'HOMME NAVRÉ, de M. Ch. Clairville, monologue dit
par M. Galipaux, du Palais-Royal. . . . . . . » 50
L'HOMME POLI, de O. Pradels, dit par M. Coquelin
cadet . . . . » 50
L'HOMME QUI A VOYAGÉ de Charles Cros, dit par
M. Coquelin cadet. . . . . 1 »
L'HOTEL DROUOT, par M. Paul Eudel, monologue dit
par M. Galipaux, du Palais-Royal. . . . . . . » 50
L'HYPNOTISEUR, par A. Guillon, dit par M. Coquelin
cadet . . . . 1 »
HYPOTHÈSES, monologue en vers de MM. P. de Néha et
Marc Sonal, dit par M. E. Larcher, du Gymnase. » 50
L'INONDATION, épisode en vers par L. Olona, dit par
Mme J. Douard, du théâtre Cluny . . . . . . » 50
L'INVENTION DE MATHÉUS, de Frédéric Rouvier, dit
par M. Coquelin cadet. . . . . » 50
JEAN ET JOHN, de G. Nadaud, dit par M. Coquelin
ainé. . . . . 1 »

JE NE SUIS PAS VANTARD, de A. Delilia, dit par M. Christian, des Variétés. . . . . » 50

JE SUIS MADAME ! de M. G. Maquis, monologue en vers, dit par Mlle Vanina Valette, du théâtre de la Porte-Saint-Martin. . . . . » 50

LES JEUNES, conférence faite par M. Henri de Lapommeraye . . . . 1 »

JE VIVRAI, monologue en vers, par M. A. Paër. 1 »

LETTRE-CLOSE, scène en vers par P. Trimouillat, dit par M. Le Bargy de la Comédie-Française. . . . . » 50

LE LION DE BELFORT, de M. E. Gouget, poésie dite par madame E. Dugueret. . . . . » 50

MADAME CLOSET, par Henry Buguet 0 50

MALADIE GRAVE, de M. Bertol-Graivil, dit par M. Coquelin cadet. . . . . » 50

MA POUPÉE, par Paul Bonnetain, dit par Mlle Jane May, du théâtre du Palais Royal. . . . . » 50

MARIÉE DEPUIS MIDI, par W. Busnach et A. Liorat, musique de Jacobi, pièce jouée sur le théâtre des Bouffes-Parisiens par Mme A. Judic. . . . 1 fr. 50

UN MARTYR, par MM. E. Philippe et L. Bridier, dit par M. Galipaux. . . . . » 50

LE MENDIANT DE SADOWA, de M. H. Buguet, dit par M. Garnier, de la Comédie-Parisienne. . . . . » 50

MES VINGT-HUIT JOURS, de Lucien Puech, dit par M. Coquelin cadet. . . . . 1 »

LA MISSION FLATTERS, par René Assé, poésie dite par M. Dumaine, de la Porte-Saint-Martin. . . . . » 50

LE MONSIEUR QUI N'AIME RIEN, par L. Puech, dit par M. Coquelin cadet. . . . . 1 »

UN MONSIEUR TRÈS TIMIDE, par M. J. Reyar, monologue dit par M. Noblet, du Palais-Royal. . . . » 50

LE NEZ EN ARGENT, monologue en vers, par M. J. Reyar (dit par l'auteur). . . . . » 50

L'OBSESSION, par X. et Charles Cros, dit par M. Coquelin cadet . . . . 1 »

L'OCTROI, de P. Trimouillat, poésie dite par Mlle Reichenberg . . . . » 50

LE PANTHÉON, de Lucien Puech, dit par M. Coquelin cadet . . . . 1 »

PAS PRESSÉ, de M. Bertol-Graivil, dit par M. Coquelin cadet. . . . . » 50

PIERRE, par M. L. Bridier, dit par Mlle J. Baumaine, du théâtre des Variétés. . . . . » 50

LA POUPÉE, de M. Ernest Depré, monologue en vers, dit
par Mlle Baretta, de la Comédie-Française. . » 50
POURQUOI PLUS DE CHANSONS? de M. Boisselot, dit
par Mme C. Chaumont, du théâtre du Palais-Royal. 1 fr.
LA PREMIÈRE DU MARIAGE DE FIGARO, par Emile
Moreau, vers dits par M. Porel sur le théâtre de
l'Odéon . . . . » 50
PRIS AU PIÈGE, de M. G. Peloux, fantaisie en vers dite
par M. Delaunay, de la Comédie-Française. . . . 1 »
LE RÉSERVISTE, de MM. E. Philippe et L Bridier, mo-
nologue en prose, dit par mademoiselle Reichenberg
de la Comédie-Française. . . . . » 50
LE RIBAUD, monologue en vers, par Louis Bridier. » 50
DE RICHELIEU DE MARION DELORME, par Adolphe
Racot dit par M. Coquelin cadet édition illustrée par
Henriot . . . . 1 »
LE RONDEAU DE JEANNE de Grangeneuve, dit par ma-
demoiselle Reichenberg , de la Comédie-Fran-
çaise. . . . . 1 »
LE RURAL, fantaisie en prose, par M. Ernet Depré, dite
par M. F. Galipaux. . . . . » 50
LE SANS-CULOTTE, de M. H. Buguet, dit par M. Mont-
bars, du Palais-Royal . . . . » 50
SCEPTIQUE, de M. Lucien Puech, dit par M. Coquelin
cadet. . . . . 1 »
LE SONNET D'ARVERS, par Marc Sonal, dit par Mlle
Mario . . . . » 50
SOUS CLÉ, vaudeville en un acte, par MM. de Leuven,
Desforges et Dumanoir, joué sur le théâtre du Palais-
Royal par Mlle Déjazet . . . . 1 »
LES STATUES, par J. Truffier, conte en vers dit par
Mlle Sarah Bernhardt . . . . 1 »
LA STATUOMANIE, par L. Puech, dit par M. Coquelin
cadet . . . . 1 »
LE SUFFRAGE UNIVERSEL DES BÊTES, de G. Nadaud,
dit par Mlle J. Thénard . . . . 1 »
LES SUITES D'UN SERMON, par MM. L. Bridier et E. Phi-
lippe, monologue en prose, dit par madame Théo. » 50
LE THÉATRE ARCHI-MORAL, par A. de Saint-Albin et
A. Mortier, conférence dite aux Folies-Dramatiques
par M. Milher . . . . 1 »
LE THÉATRE SCRIBE, par MM. Ch. Le Senne et A. Delilia, à-propos en vers dit par Mme Elise Picard, de
l'Odéon . . . . » 50

LES TONNEAUX, de Bertol-Graivil, dit par M. Coquelin cadet . . . . 1 »

TOULOUSE, poésie de François Mons . . . . . . » 50

TRIOLETS A MARION, de Em. Catelain, dits par M. Garraud, de la Comédie-Française . . . . . . 1 »

LE VALET DE COEUR, de L. Besson et F. Javel, monologue en prose, joué par M. Germain, au théâtre des Variétés . . . . 1 »

LE VENGEUR, monologue en vers par P. Trimouillat dit par M. Berr, de la Comédie-Française . . » 50

LA VIEILLESSE DE CORNEILLE, de M. A. Delpit, poésie dite à la Comédie-Française, par mademoiselle Sarah Bernhardt . . . . » 50

LE VOYAGE A TROIS ÉTOILES, de Charles Cros, dit par M. Coquelin cadet . . . . 1 »

UNE VRAIE NOCE, de Lucien Puech, dit par Mme Alice Lavigne, du théâtre du Palais-Royal . . . . . 1 »

IMPRIMERIE GÉNÉRALE DE CHATILLON-SUR-SEINE. — A. PICHAT.